DIESE JURI§TEN

von Pierre LAFORET

Wir ordnen an und befehlen hiermit allen Ernstes, dass die Advocati wollene schwarze Mäntel, welche bis unter die Knie gehen, unserer Verordnung gemäß zu tragen haben, damit man diese Spitzbuben schon von Weitem erkennen und sich vor ihnen hüten kann.

Kabinettsorder Friedrichs Wilhelm I von Preußen
vom 15.12.1726

DIESE JURISTEN 1

Erscheint bei:

Steffen Boiselle & Clemens Ellert
Sauterstraße 36
67433 Neustadt / Weinstr.
Fon: 06321 - 489343
Fax: 06321 - 489345

Vertrieb durch:
MSW Medien Service GmbH & Co. KG
Linde 72 – 74
42287 Wuppertal

© 2008 Laforêt / P&T Production SPRL
© 2009 BSE Verlag für die deutsche Ausgabe
Übersetzung: Uwe Löhmann
Lettering: Clemens Ellert
Lektorat: Ines Boiselle-Svrcina

Unser besonderer Dank geht an:
Rechtsanwalt Wolfgang Schick, Neustadt und
Rechtsanwalt Matthias List, Dreieich

Weitere Informationen unter:
www.bse-verlag.de

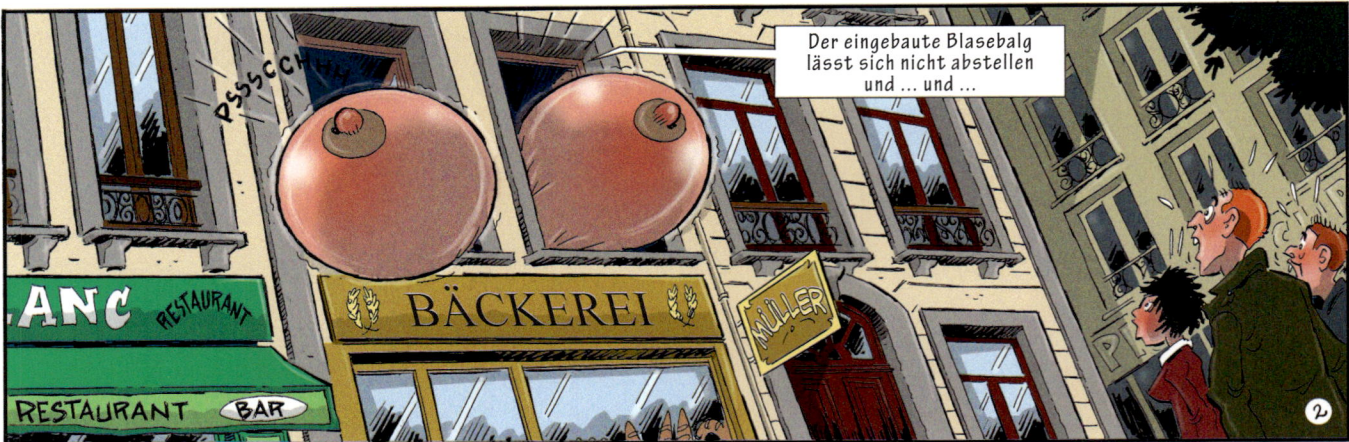

EIN ORTSTERMIN

SORGEN MIT DEM SORGERECHT

WIEDERAUFNAHME?

DAS ALLERLETZTE

KLARTEXT

MORD NACH PLAN

AUSGEBUFFTE UNTER SICH

AUFGERECHNET

GERECHTIGKEIT NACH MASS

EINE FRAGE DES HONORARS

(*) RA = Abkürzung von Rechtsanwalt

ZUM WOHL DER MENSCHHEIT

EIN ANWALT FÜR ALLE FÄLLE

IN SCHWARZER ROBE

MAHLZEIT!

EINE WOHLFEILE ERKLÄRUNG

SCHEIDUNGSGRÜNDE

BERUFUNG

NAMENSGLEICHHEIT

EIN BOMBEN-ALIBI

EIN GUTER RAT

AUCH RICHTER SIND NUR MENSCHEN

VOM LAND

PROBIEREN GEHT ÜBER PLÄDIEREN

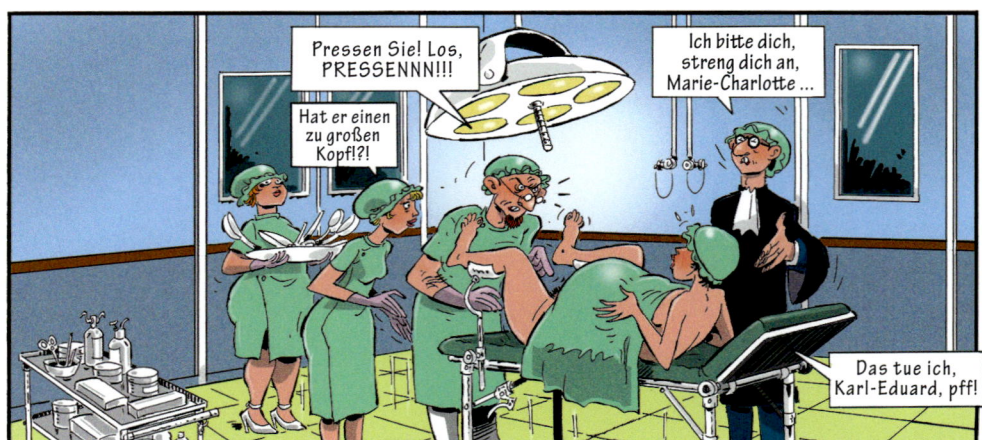

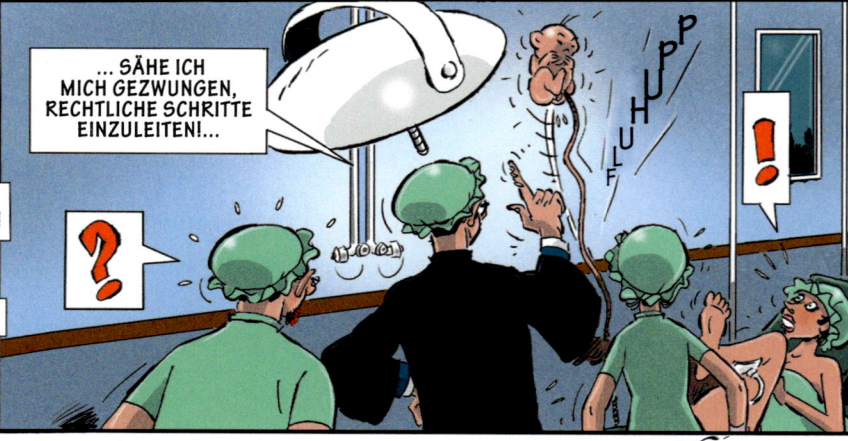

ANWALTLICHE VERTRAULICHKEIT

VERKEHRSGERICHT

EIN SIEG DER WISSENSCHAFT

DAS ERSTE MAL

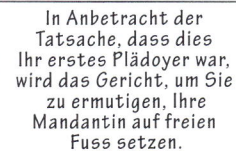

Jessica Grapschweg ... Sie sind angeklagt, im Supermarkt „Heiße Preise Massenweise" ein Töpfchen Schminke der Marke „Faltenspeis", vier Flaschen Parfüm „Hotflower" und sechs Winterstringtangas mit doppeltem Fellbesatz gestohlen zu haben!

Herr Anwalt, Sie haben das Wort!

Nun, äh ... Herr Resiprent ... Entschuldigung, Herr Tresipent ... äh (gulp) Präsident ...

Al... also bitte, meine Mandantin ist huldlos .... äh schuldlos ... (gulp)

Äh ... ja ... nein ... nicht wirklich ... ich meine ... äh ... nun ja ...

Immer mit der Ruhe, lieber Kollege ...

Atmen Sie einfach mal tief durch!...

Wir verstehen Ihre Aufregung!

Da... danke, Herr Respirent ... äh ... ich meine ...

Was ich sagen ist wollte ... die Faktenlage ... dass ... die ...

SCHON GUT!... BELASSEN WIR ES DABEI, HERR ANWALT!

In Anbetracht der Tatsache, dass dies Ihr erstes Plädoyer war, wird das Gericht, um Sie zu ermutigen, Ihre Mandantin auf freien Fuss setzen.

Und dann habe ich, ohne Zögern, dem Präsidenten tief in die Augen geblickt und ihm gesagt, dass ich von seiner Seite nicht die kleinste Regelverletzung hinnehmen werde. Und dann habe ich gefordert ...

... dass meine Mandantin umgehend entlassen wird!!!

OOHHH!

AAHH!!...

DUNKLE ERINNERUNG

Rechtsanwalt Dapich?!

Äh ... Ja?!?

Schön, Sie zu sehen. Steigen Sie ein!

Erinnern Sie sich an mich? Robert Krustenspiess!!

!?!?... Krustenspiess?!

JA!!... Sie waren mein erster Mandant und haben zwanzig Jahre bekommen!...

So etwas vergisst man doch nicht!!

STIMMT!... Gestern bin ich aus dem Knast gekommen.

Ich gebe zu, dass ich in Ihrem Fall nicht sehr erfolgreich war ...

Schön gesagt! Sie haben während der Sitzungen Ihr Nickerchen gemacht!

Die waren nach dem Essen ... ich habe so eine schlechte Verdauung ...

Daran hatte ich zwanzig Jahre zu kauen!

Mal sehen, ob ich mich an Ihren Fall erinnere ... es ging um einen Anhalter!?...

Sie fuhren auf einer einsamen Landstrasse ...

Dann auf einem Waldweg im Schatten der Bäume ...

Ja, stimmt ...

... haben Sie versucht, ihm seinen Rucksack abzunehmen ... Er verteidigte sich!...

Und dann ... wie dumm, ich erinnere mich nicht mehr ... Mal sehen ...

Warten Sie, gleich hab' ich's!...

Ah, stimmt, Sie haben Ihr Messer gezückt!...

JA, SO EINES WIE DIESES HIER!!

Äh, kann es sein, dass Sie mir gegenüber ein Ressentiment haben?!!

EIN PFLICHTVERTEIDIGER

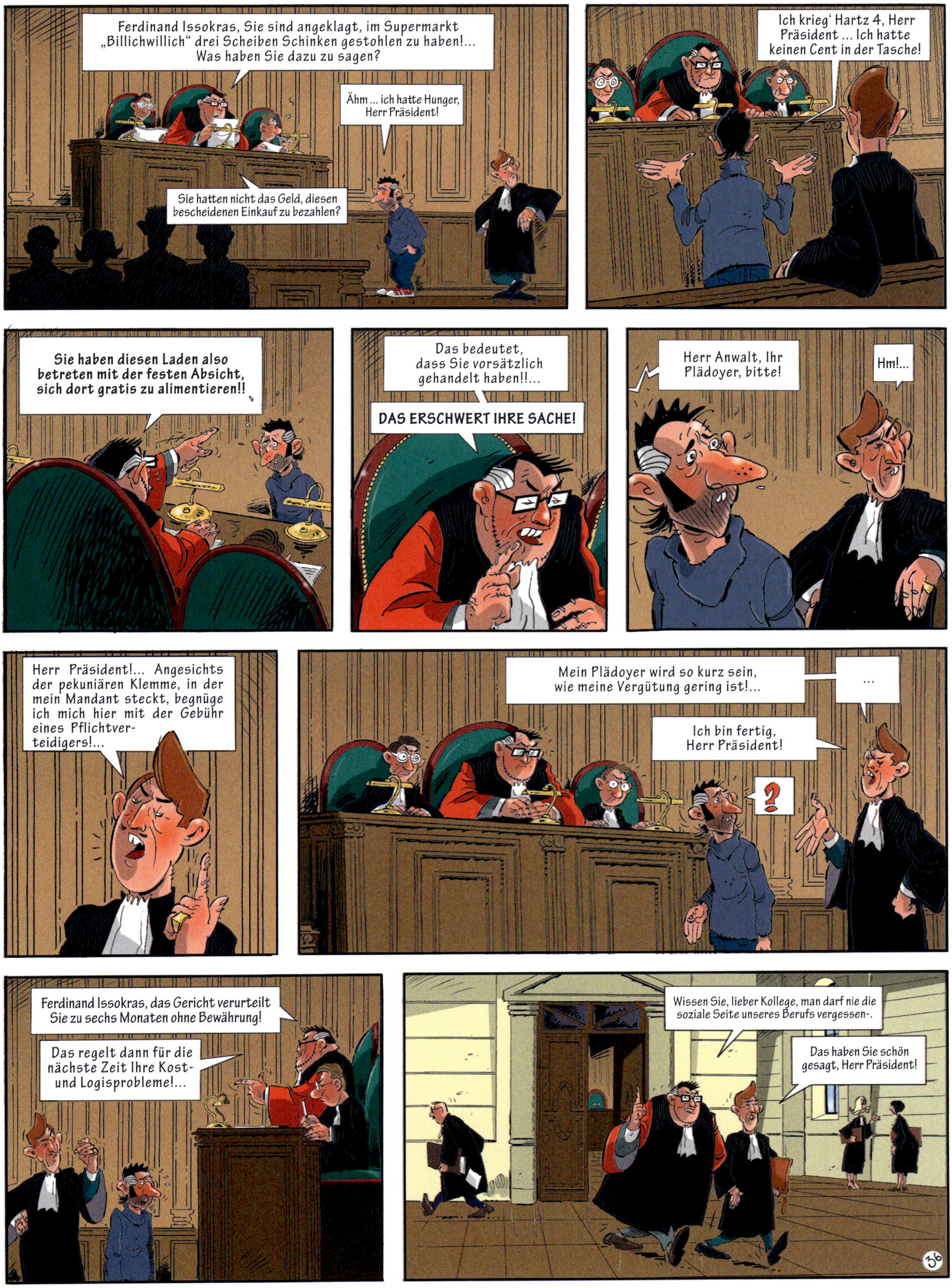

EIN KOSTBARES GUT

Herr Anwalt, ich habe ein Problem mit meinem Nachbarn ... er spielt bis um zwei Uhr nachts Schlagzeug!!

Ach, wie unangenehm.

Meine Frau und ich halten das nicht mehr aus!... Es bremst unsere Libido aus!

Anfangs haben wir einfach versucht dem Rhythmus zu folgen ... Sechs Stunden lang!

Danach war ich völlig platt!!

Haben Sie versucht, vernünftig mit diesem Menschen zu reden?

Ja, aber ohne Erfolg!... Er hat dann bis um vier Uhr gespielt!!

Dieser Kerl treibt mich zum Wahnsinn!!! Was soll ich tun, Herr Anwalt?!!

Sie haben Recht daran getan, sich bei mir Rat zu holen ... Die Justiz verteidigt die wohlverdiente Ruhe eines Bürgers gegen die Vergnügungssucht primitiver Primaten!...

Wir werden einen Prozess anstrengen!..

Äh, vorher hätte ich noch eine Frage, Herr Rechtsanwalt ... was könnte mich das kosten?

Nun, ich muss eine Akte anlegen, muss die Fakten genau studieren, ein Gutachten in Auftrag geben, das ich genauestens studieren muss. Dann die Prozesskosten und Gebühren, möglicherweise muss ein Gerichtsvollzieher die Vorladung zustellen ... mit meinen Kosten und Gebühren ... über den Daumen gepeilt ... FÜNFTAUSEND EURO!!

FÜNFTAUSEND EURO?!!...

Gerechtigkeit, mein werter Herr, gibt es nicht im Ausverkauf!!

In dem Fall, Herr Grundgut, werde ich selbst ein primitiver Primat ...

Ein Baseballschläger ist deutlich billiger!

Die Grenze zwischen einem primitiven Primaten und einem zivilisierten Menschen verläuft immer entlang seines Kontostandes!

ZEUGENAUSSAGEN

Darf ich die Frage stellen, Herr Präsident, was man meiner Mandantin eigentlich vorwirft!?

Fragen Sie das im Ernst, Frau Anwältin?!...

Ich gebe zu, Herr Präsident, dass die Umstände gegen sie sprechen, aber ...

... selbst, wenn sie den kleinen Arthur in einem Moment legitimer Erschöpfung aus dem Fenster warf ...

... so handelt es sich letztendlich nur um einen kurzfristigen Kontrollverlust!...

Einen Kontrollverlust, der fatale Konsequenzen hätte haben können, wenn im selben Moment nicht wie durch ein Wunder ein Lieferant der Matratzenfirma Mollis und Söhne unten vorbeigekommen wäre.

Ich darf also daran erinnern, dass der Kleine keine Schäden davongetragen hat!

Frau Anwältin, Ihre Argumente überzeugen uns nicht. Wir werden das Gesetz in all seiner Strenge anwenden!

Einen Moment, Herr Präsident ... Ich möchte Ihnen einige Zeugenaussagen zu Gunsten meiner Mandantin zu Gehör bringen!!...

Ich rufe auf die Zeugen: Kevin, Laura, Charlotte, David, Ludwig, Roland, Stefan, Dieter, Alex, Ülcün, Rita, Kurt, Georg, Klara und Moritz!!...

SCHON GUT, DIE ANGEKLAGTE IST FREI!!!

SCHAFFEN SIE DIE ZEUGEN AUS DEM SAAL!!!

AUA!

Gnade!!

UÄÄH BÄHU BÄHU WÄÄH RABÄHUU! UÄÄH WÄÄH

WOHLTUN TRÄGT FRÜCHTE

Richter: Bernhard Ratz, ich muss mehrere gegen Sie vorgebrachte Beschuldigungen aufklären!...

Anwalt: Herr Untersuchungsrichter, mein Mandant hat sich nichts vorzuwerfen.

Richter: Das sehen die Kläger aber anders, Herr Grundgut!

Anwalt: Allesamt bösgläubige Neider!

Richter: Gut!... Ich fasse mal zusammen!... Sie haben bei dem Ehepaar Linkich zwanzigtausend Euro geliehen ...

Ratz: Ein Freundesdienst, Herr Richter!...

Richter: Danach haben Sie weitere fünftausend Euro von den Eheleuten Scheureb als Darlehen erhalten!

Ratz: Auch das zinslos unter Freunden!...

Richter: Gut, gut!... Und natürlich waren auch die zwölftausend Euro von Robert Blätterich ein Freundschaftsdarlehen ohne jegliche Zinsen!?

Ratz: Stimmt, Herr Richter!

Richter: Sie haben dann Ihrerseits das Geld weiter verliehen!!!

Anwalt: Mein Mandant hat ein grosses Herz.

Richter: Das hat ihn nicht daran gehindert, für diese Darlehen einen Zinssatz von zwanzig Prozent zu verlangen!!...

Richter: Das kann man mit Fug und Recht einen sauberen Schnitt nennen!!

Ratz: Bescheiden, Herr Richter, bescheiden!

Richter: Ich weiß nicht, wie ich Ihren Mandanten nennen soll, aber es wird mir gleich einfallen ... warten Sie ....

Richter: BANKER, HERR UNTERSUCHUNGSRICHTER! GANZ EINFACH BANKER!!!

Ratz: Äh...

EIN (AUFSEHEN-) ERREGENDER FALL

Wir befinden uns hier vor dem Landgericht, und soeben hat Yvonne Hohlziegel, die Frau des Bundestagsmitglieds Henning Hohlziegel, seit dreißig Jahren Abgeordneter des Wahlkreises Hintere Schafheide, das Gebäude betreten.

Hier noch einmal die Fakten!... Als Yvonne Hohlziegel von der Untreue ihres Gatten erfuhr, entmannte sie diesen im Schlaf ...

Danach warf sie sein Geschlechtsteil wie ein ordinäres Würstchen auf den Grill.

Dieser außergwöhnliche Zwischenfall zieht natürlich das Interesse vieler Medienvertreter auf sich ...

... wie Sie hier sehen können!...

Ich darf hier daran erinnern, dass Henning Hohlziegel Vorsitzender des Vereins „Sittsamkeit in der Familie" ist!...

Man kann also davon ausgehen, dass diese aufsehenerregende Affaire noch für einige Monate ihre Kreise in der Öffentlichkeit ziehen wird!!...

Unterdessen ist bisher völlig ungeklärt, wer der juristische Vertreter von Yvonne Hohlzie...

?!?

DAS BIN ICH!!!

ICH BIN DER ANWALT VON YVONNE HOHLZIEGEL!!!

PLATZ DA!!

ICH WAR ZUERST HIER!!

FANS UNTER SICH

Kevin Ochskopf, Sie werden beschuldigt, am Ende des Freundschaftsspiels zwischen dem 1. FCK und der Borussia das Auto eines Borussen-Fans angegriffen zu haben.

Die Scheinwerfer wurden eingeschlagen, ebenso die Fenster und die Karrosserie beschädigt – und das alles unter dem Ausruf: **JEDEM BORUSS EINS AUF DIE NUSS!!**...

Wir negieren diese Fakten nicht, Herr Präsident, aber jener Wutausbruch eines begeisterten Fans hatte seinen Grund in der Verzweiflung über den Verlust der Partie ... und verdient daher weitestgehendes Verständnis!!...

Ich erinnere das Gericht daran, dass das Ergebnis niederschmetternde sechs zu zwei betrug!!...

Sechs zu zwei??

Sind Sie sicher, Rechtsanwalt Puterich? War es nicht vier zu zwei?...

Nein, Herr Präsident, sechs zu zwei!!

Nein, nein ... sechs zu zwei war das Ergebnis von Werder gegen den FC!!!

Da verwechseln Sie etwas, ich glaube das war eher Eintracht gegen Lokomotive.

Nichts da, Herr Rechtsanwalt! Darf ich Sie in aller Freundschaft darauf hinweisen, dass die Eintracht zwei zu null gewonnen hat!!...

Aber nein, Herr Präsident, aber nein!! Die Eintracht hat eins zu zwei verloren!

DIE EINTRACHT HAT NICHT VERLOREN!! Die Eintracht ist der mit Abstand beste Verein in der gesamten Liga!!!

Diese Flaschenkicker? Erlauben Sie, dass ich lache, Herr Präsident!!!

Was heißt da Flaschenkicker?!... Sie armseliges Rechtsverdreherchen!!...

ZWEI NULL FÜR DIE EINTRACHT!

SIE HAT VERLOREN!!

EINS ZU ZWO!!

HOCH DER 1. FCK!!

EINS ZWO!

KARNEVALSPRÄSI!!

ZWEI ZU NULL!!

KASPERLE!!

UNVERSCHÄMTHEIT!!!

Bitte, Herr Präsident!!

FINGERSPITZENGEFÜHL

Herr Präsident, meine Mandantin ist das Opfer einer unglaublichen Unfähigkeit!!

Herr Präsident, mein Mandant ist als höchst kompetenter Chirurg bekannt und anerkannt. Er bestreitet die Vorwürfe auf das Allerschärfste!!!

Wir werden sehen!... Ich resümiere kurz die Tatsachen: Professor Sigbert Schneidig, Schönheitschirurg und Direktor der Klinik „Traumfiguren", Sie haben Frau Aurora Isabella Freifrau zu Fasanenburg eine Sensibilisierung ihres G-Punktes versprochen – und zwar durch eine Injektion eines Elixiers nach Ihrer Geheimrezeptur!...

GENAU!!... Herr Präsident, der Beklagte hat meiner Mandantin durch eine Injektion in ihren intimsten Bereich eine Verzehnfachung ihrer sexuellen Empfindungen versprochen!

In Wirklichkeit ist meine Mandantin seit diesem unseligen Eingriff, wenn ich so sagen darf, im Intimbereich komplett anästhetisiert!!

Unfug!! Mein Mandant ist völlig unschuldig!!... Auch mit dem besten Benzin wird aus einem Polo kein Ferrari!!!

Darf ich Sie um etwas mehr Zurückhaltung bitten, Herr Rechtsanwalt!!...

Diese Sache verlangt äußerstes Einfühlungsvermögen, ja, ich würde fast sagen, Fingerspitzengefühl!!

Wir müssen, dem Ernst der Sache angemessen, so tief wie möglich in die Materie eindringen, um zu einem angemessenen Urteil zu kommen!!!

RICHTIG!!

WIR WERDEN DIE KLÄGERIN SELBST UNTERSUCHEN!!

ICH HABE ALLES DABEI!!

NACKIG!

NOCH EIN ORTSTERMIN

Herr Untersuchungsrichter, wir protestieren! Mein Mandant ist Pförtner dieses Gebäudes und kann den Mord nicht begangen haben!

Herr Rechtsanwalt! Mehrere Zeugen haben gehört, wie das Opfer schrie: „Heinz hat mich getötet!!!"

Das erscheint mir wenig glaubwürdig!

Daher ja dieser Ortstermin, um uns einen objektiven Eindruck der Situation zu vermitteln.

Das sehe ich genauso!!...

WIR SIND DA!!

Gut, als Freiwilligen für die Rolle des Opfers schlage ich den Beamten Kleinmann vor ... oder vielleicht Sie selbst, Herr Untersuchungsrichter!?...

Äh ...

Nun ...

Und vergessen Sie nicht, wenn Sie an den Fenstern vorbei kommen, laut zu schreien: „Heinz hat mich getötet"!!

Ich glaube, Herr Grundgut, wir können uns Ihrer Argumentation auch so vollinhaltlich anschliessen!!!

44

PLÄDOYER FÜR DIE FREIHEIT

TERMINSACHE

Marcel Nimsmitt, Sie werden des fortgesetzten Taschendiebstahls angeklagt!...

Sie sind einschlägig vorbestraft, und zwar mehrfach, ich nehme also an, dass die Fakten nicht bestritten werden!

116 Vortaten!!

Herr Rechtsanwalt, was haben Sie zu Gunsten Ihres Mandanten zu sagen?

Sehr viel, Herr Präsident!... Es gibt beachtenswerte Punkte, die längerer Ausführung bedürfen!...

Und wenn ich Sie bitten würde, sich ... äh ... etwas kürzer fassen?!

Lassen Sie mich Ihre Aufmerksamkeit zunächst auf die frühe Kindheit meines Mandanten lenken!... DREHEN WIR DAS RAD DER ZEIT ZURÜCK UND ...

Da wir gerade von Zeit reden, Herr Puterich ... wie lange gedenken Sie zu plädieren?

Nicht unter zwei Stunden!!

Die ... äh ... Eintracht spielt heute ... das Fernsehen überträgt ... Da wollten wir mal reinschauen.

Wenn Sie also etwas kürzer plädieren könnten?!

Darüber ließe sich reden ... An welches Strafmaß hatten Sie für meinen Mandanten gedacht?

Äh ... bei seinen Vorstrafen ... zwei Jahre ohne Bewährung.

ZWEI JAHRE?!... Dann plädiere ich in voller Länge!!

Äh ... nun gut ... dann sagen wir 18 Monate?...

Dann plädiere ich anderthalb Stunden!!!

Schon gut ... wie wär's mit einem Jahr?...

Dann plädiere ich eine Stunde!

Äh ... woran hatten Sie denn gedacht?!?...

SECHS MONATE mit Bewährung!

Also gut! SECHS MONATE MIT BEWÄHRUNG!!! Die Sitzung ist geschlossen!

Wir müssen uns beeilen, ich muss noch Bier holen!!

Ich übernehme die Pizza!!

BSE Boiselle & Ellert ♦ Sauterstraße 36 ♦ 67433 Neustadt / Weinstr.
Fon: 06321/489343 ♦ Fax: 06321/489341 ♦ Mail: info@BSE-Verlag.de ♦ www.BSE-Verlag.de

DANY !

Seit Jahren auch in Deutschland der Inbegriff für erotische, witzige und wunderschön gezeichnete Comics!

Die gute Nachricht für alle Fans: Gerade erschienen ist der neue Band „Was soll das?" – wieder mit 100% deutschen Erstveröffentlichungen!

Und auch die vergriffenen Bestseller – Alben werden nach und nach frisch aufgelegt. Teilweise mit neuem Cover wie bei „Noch mehr?", das bereits in der 5. Auflage erscheint.

Aktuelle Informationen unter:

www.BSE-Verlag.de
www.dany-comics.de

NEU

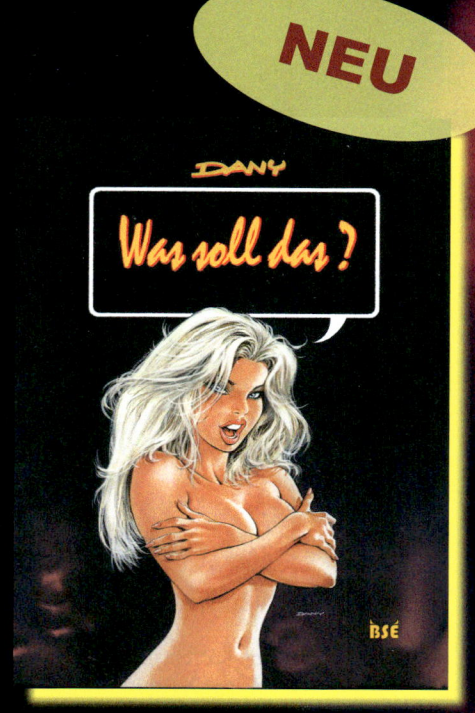

ISBN 978-3-934769-42-7

Jedes Album:
52 Seiten in Farbe,
Kunstdruckpapier,
12,00 €

ISBN 978-3-926438-49-2 
ISBN 978-3-926438-50-8 
ISBN 978-3-926438-52-2 
ISBN 978-3-926438-64-5

ISBN 978-3-926438-80-5
ISBN 978-3-926438-91-1 
ISBN 978-3-934769-40-3 
ISBN 978-3-934769-41-0

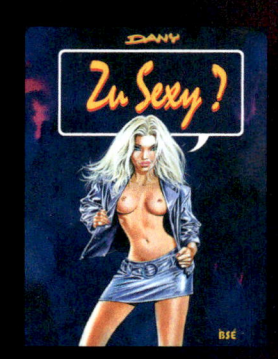

BSE

Lieferbare Titel

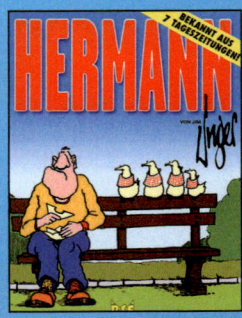

HERMANN
978-3-926438-96-6
€ 9,00

WURZEL 2
978-3-926438-90-4
€ 10,00

WURZEL 3
978-3-934769-22-9
€ 10,00

HÄGAR - HANDBUCH
978-3-926438-97-3
€ 9,00

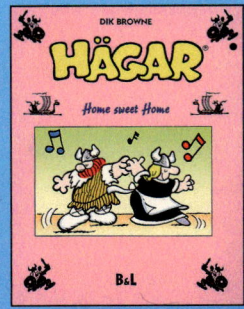

HÄGAR 3
978-3-926438-59-1
€ 10,00

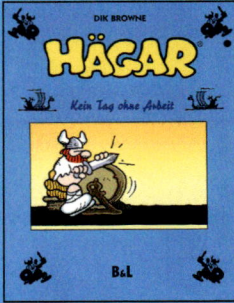

HÄGAR 4
978-3-926438-60-7
€ 10,00

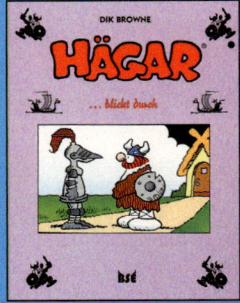

HÄGAR 5
978-3-926438-61-4
€ 10,00

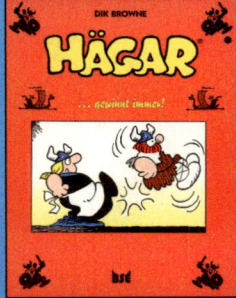

HÄGAR 6
978-3-934769-09-1
€ 10,00

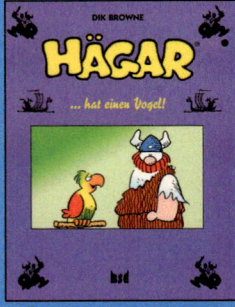

HÄGAR 7
978-3-934769-20-5
€ 10,00

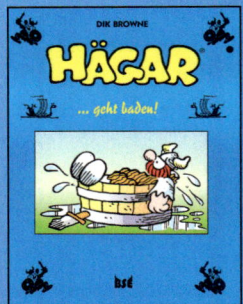

HÄGAR 8
978-3-934769-28-1
€ 10,00

HÄGAR 9
978-3-934769-29-8
€ 10,00

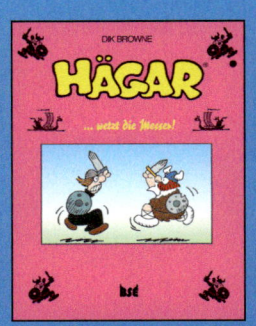

HÄGAR 10
978-3-934769-30-4
€ 10,00

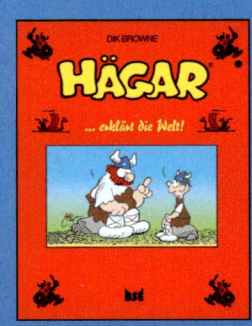

HÄGAR 11
978-3-934769-31-1
€ 10,00

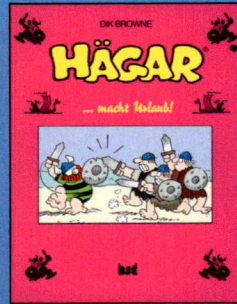

HÄGAR 12
978-3-934769-32-8
€ 10,00

MEIN PROG. ALLTAG
978-3-934769-21-2
€ 10,00

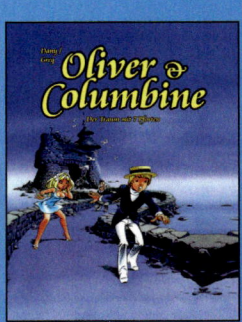

OLIVER & COLUMBINE 10
978-3-934769-68-7
€ 10,00

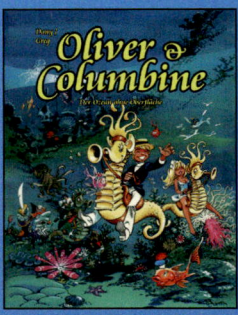

OLIVER & COLUMBINE 11
978-3-934769-66-3
€ 10,00

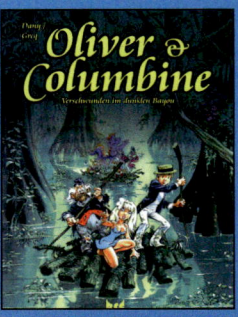

OLIVER & COLUMBINE 12
978-3-934769-67-0
€ 10,00

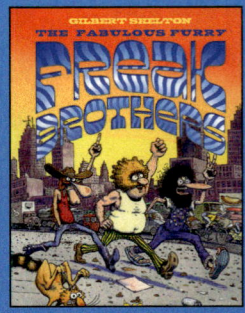

FREAK BROTHERS 1
978-3-934769-10-6
€ 10,00

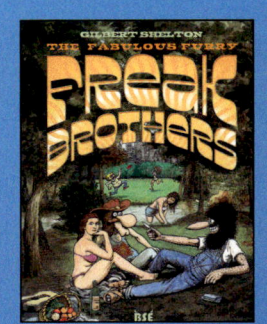

FREAK BROTHERS 2
978-3-934769-11-3
€ 10,00

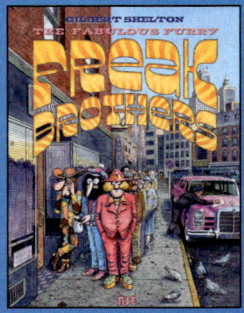

FREAK BROTHERS 3
978-3-934769-12-0
€ 10,00

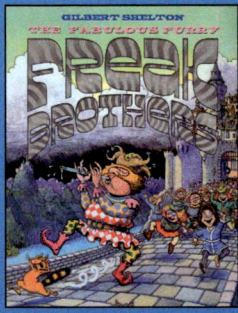

FREAK BROTHERS 4
978-3-934769-13-7
€ 10,00

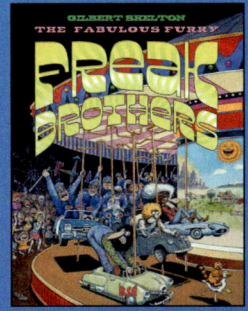

FREAK BROTHERS 5
978-3-934769-14-4
€ 10,00

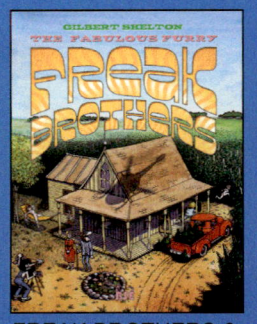

FREAK BROTHERS 6
978-3-934769-15-1
€ 10,00

Sauterstr. 36 • 67433 Neustadt/Wstr. • Fon: 06321 - 48 93 43 • Fax: 06321 - 48 93 45 • www.BSE-Verlag.de